amar é...

Para ....

De

...sentir que o dia não começa
enquanto não recebo uma mensagem sua.

...beijar você a qualquer hora.

...sempre ter vontade de te abraçar.

...mandar um beijo pelo ar.

...usar minhas economias
para comprar algo para você.

...em seu aniversário, comprar ingressos para ver seu time jogar.

...o ingrediente secreto de uma receita infalível.

...lembrar de você quando estamos longe.

...saber exatamente qual presente você gostaria de ganhar.

...cuidar da minha pele
para que você me acaricie.

...mimá-lo como uma criança.

...escutar sem me aborrecer suas longas histórias de pescaria.

...minha arma secreta.

...encontrar o jornal recortado
antes de lê-lo... e te perdoar mesmo assim.

amar é...

...tremer as pernas
quando você me chama para dançar.

...me emocionar ao ouvir a nossa canção.

...não deixar que você vá embora
sem antes te dar um beijo.

...ter certeza de que estamos predestinados a ficar para sempre juntos.

...sentir meu coração bater mais depressa
quando vejo seu nome
entre os e-mails recebidos.

amar é...

...te consolar quando acontece algo ruim.

...escutar sua voz ao telefone.

...sentir admiração.

...estar cheirosa para você.

...colocar uma blusa sua para sentir seu perfume.

...esperar com ansiedade seus telefonemas.

...agradecer por tê-lo ao meu lado.

...me dar conta de que não posso viver sem você.

Título original: Liefde is... ...wij tweetjes!
Tradução: Camélia dos Anjos
Revisão: Madalena M. Carvalho
Diagramação: Juliana Pellegrini

Todos os direitos reservados. Proibidos, dentro dos limites estabelecidos pela lei, a reprodução total ou parcial desta obra, o armazenamento ou a transmissão por meios eletrônicos ou mecânicos, fotocópias ou qualquer outra forma de cessão da mesma, sem prévia autorização escrita das editoras.

love is... by kim

© 2014 Minikim Holland B.V.
ImageBooks Factory B.V., The Netherlands
All rights reserved – printed in China
© 2014 Vergara & Riba Editoras S/A
www.vreditoras.com.br

Rua Cel. Lisboa, 989 – Vila Mariana
CEP 04020-041 – São Paulo – SP
Tel./Fax: (55 11) 4612-2866
editoras@vreditoras.com.br

ISBN 978-85-7683-648-3

Impresso na China

Sua opinião é importante
Mande um e-mail para
opiniao@vreditoras.com.br
com o título deste livro
no campo "Assunto".

Conheça-nos melhor em
vreditoras.com.br
facebook.com/vreditorasbr

Dados Internacionais de Catalogação na Publicação (C

C33a
Casali, Kim
 Amar é... ...nós dois! / Kim Casali; [tradução Camél
dos Anjos]. – São Paulo: Vergara & Riba Editoras, 201
– (Amar é...)

 Título original: Liefde is... ...wij tweetjes!
 ISBN 978-85-7683- 648-3

 1. Amor – Citações, máximas, etc. I. Série.

CDD 808.88

Catalogação elaborada por Antonia Pereira CRB-8/49